Miir ku Thɔ̈rɔ̈t

Wët nom

Ajuiɛɛr de Kuën Baai de Mïth (*AKBM*): aaye athöör juëc ke Thoŋ de Jiëëŋ cië ke gɔ̈ɔ̈r bï kë mïth ya kuɔny në kuën baai. Ke aathöör kë, aacië gɔ̈ɔ̈r në Thoŋ de Jiëëŋ piɔlic ago mïth ke ya kueen ke cïn anuaan.

AKBM aathiekiic të nɔŋ yïïn ke yï ye man de meth ku ye wun de meth. Na kɔɔr bë mɛɛnhdu Thoŋdu ŋic, ke piɔ̈ɔ̈cië baai në yïn. Ye mɛɛnhdu jääm në Thoŋdu baai. Ye mɛɛnhdu wɛɛi ku piɔ̈ɔ̈c cië bë ya jam, kuën ku gëër në Thoŋ de Jiëëŋ baai. Acïn dët thiekic wär ye këne tɔu të dët. Raan ce jam në Thoŋ de man ke wun acië thöl ya määr.

Ye thaa koor lööm në në nyindhia ba mɛɛnhdu guiëër yic thieek de Thoŋ de Jiëëŋ. Yïn ke Dupiöny tueŋ de mɛɛnhdu. Na cï mɛɛnhdu piööc në Thoŋdu ku kake pïïr kedhia, ke ŋic acïn raan dët bë ye piɔ̈ɔ̈c. Yic thieek de Thoŋdu ku ceŋ de paandun aye mɛɛnhdu ke tïŋ ku piööc ke të nɔŋ yïïn. Na cï mɛɛnhdu piööc në ceŋdu ku Thoŋdu, ke ŋic aca mɔ̈ɔ̈r ke däk kë yï nom. Yic thieek de raan në piny nom, e gɔl në ceŋdu ku Thoŋdu.

Yïn ca leec arëtic

Manyaŋ e Deŋ

© Manyang Deng, 2020

ISBN: 978-0-6487937-4-8

All rights reserved. No part of this publication may
be reproduced, stored in a retrieval system, or
transmitted, in any form, or by any means, electronic,
mechanical, photocopying, recording or otherwise,
without the prior permission of the publishers.
This book is sold subject to the conditions that
it shall not, by way of trade or otherwise, be lent,
re-sold, hired out or otherwise circulated without the
publisher's prior consent in any form of binding or
cover other than in which it is published and without
a similar condition including the condition being
imposed on the subsequent purchaser.
Africa World Books Pty. Ltd.

Miir ku Thɔ̈rɔ̈t

Ajuiɛɛr de Kuën Baai de Mïth (*AKBM*) are series of Dinka (Jiëëŋ) language kids' books. They are collections of simple Dinka (Jiëëŋ) kids' books put together with the aim of promoting Dinka (Jiëëŋ) literacy at homes and beyond. *AKBM* are written in simple Dinka (Jiëëŋ) and use pictorials to aid easy learning.

The lack of Dinka (Jiëëŋ) learning materials at homes is one of the factors responsible for poor Dinka (Jiëëŋ) literacy skills among the majority of Dinka children in diaspora. *AKBM* are aim at bridging this gap. Parents who are interested in their kids learning the Dinka (Jiëëŋ) language may find *AKBM* series very helpful.

Anyone willing to contribute to the *AKBM* kids' books series is very much welcome to do so. *AKBM* kids' books could be on any subject that is kids appropriate and with potential of promoting Dinka literacy. The *AKBM* must be written in simple Dinka and must be written in short sentences. The *AKBM* will prepare kids for more sophisticated writing and reading in Dinka.

Some of the pictures used for *AKBM* series were taken from public domain, and therefore not copy righted. They are still available for public use from the venues they were sorted from.

By Manyang Deng

AKB 3

Miir e nyuäth në wal.
Miir anyuäth.
Miir anyuäth ye tök.
Miir anyuäth në wal.
Miir acië ye cök dhuk.
Miir acië cök tueeŋ dhuk.
Miir acië ye yeth tääu piny.
Miir anyuäth roor.
Miir anyuäth rokic.
Miir anyuäth ɣɔ̈ŋ.

Miir anyuäth të cïn tiim.
Miir anyuäth në kuur lɔ̈ɔ̈m.
Miir anyuäth në kuur yɔu.
Miir anyuäth në kɛm ke kur.
Miir anyuäth ye tök.
Nyuäth arilic të nɔŋ miir.
Miir abë nyuäth
Miir acië nyuäth.
Miir acië thök në nyuäth.
Miir acië kuɛth.

Miir e cam në yïth ke tiim.
Miir e yïth ke tiim juëc cam.
Miir acäm në yïth ke tim.
Miir anyuäth yïth ke tim.
Miir acäm apëm ke tim.
Miir acam yïth ke tim ye tök.
Miir acäm në yïth ke tim.
Miir atet yïth ke tim ke kääc.
Miir atet yïth ke tiim roor.
Miir atet yïth ke tim ke kääc.

Miir acië ye yeth ŋöök.
Miir acië ye yeth cueeth.
Miir acië ye yeth jɔt.
Miir abäär.
Miir abäär yeth.
Miir abäär cök.
Miir abäär ɣɔ̈ɔ̈m.
Miir abäär cöth.
Miir abäär yɔ̈l.
Miir akoor nom.

Miir ku Thɔ̈rɔ̈t

Miir acië dhäär.
Miir acië dak.
Miir acië dhäär arët.
Miir atɔ̈c.
Miir acië tɔ̈c.
Miir abë tɔ̈c.
Miir acië tɔ̈c bë lɔ̈ŋ.
Miir atɔ̈ ye tök.
Miir acië tɔ̈c rokic.
Miir acië tɔ̈c roor.

Miir acië tɔ̈c në nyuɔ̈ɔ̈n nom.
Miir adaai ke cië tɔ̈c.
Miir apïŋ ke cië tɔ̈c.
Miir acië ye cök dhuk.
Miir amuk ye nom nhial.
E miir ë, adïk.
E miir ë, acuai.
E miir ë, alɔ̈ŋ.
E miir ë, adhëŋ.
E miir ë, abë rɔt jɔt.

Miir akat.
Miir athuny.
Miir ariŋ.
Miir acië kat.
Miir abë kat.
Miir acië thuɔ̈ny.
Miir amuk ye yɔ̈l nhial.
Miir apiɔl.
Miir amor.

Miir anɔŋ awuur juëc.
Miir akat të lääu.
Miir akat të nɔŋ tiim lik.
Miir akat roor
Miir akat ye tök.
Miir athuny rokic.
Miir awel ye nom ciëën.
Miir awel ye nom roor.
Miir acop miir kɔ̈k cök.

| 5

Miir akääc.
Miir kääc adït.
Miir kääc, adaai.
Miir akääc ke ɣoi tueŋ.
Miir kääc abäär arët.
Miir akääc të lääu.
Miir akääc të mec ke tiim.
Miir akääc në tiim thook.
Miir akääc të ye wiëëu.
Miir akääc roor.

Miir akääc rokic.
Miir akääc ɣɔ̈ŋ.
Miir akääc ye tök.
Miir akääc bëëc.
Miir akääc wɛk.
Miir akääc në nyuɔ̈ɔ̈nic.
E miir tï, adït arët.
E miir tï, abäär apɛi.
E miir tï, aca tïŋ wään.
E miir tï, acië bën wään.

Miir acië ɣal.
Miir acï reu dɔm.
Miir anëk reu.
Miir akɔɔr bë dek.
Miir acië pïu ŋöör.
Miir acië cop në wëër nom.
Miir acië pïu yök.
Miir adëk.
Miir acië dek.
Miir abë dek.

Miir adëk në pïu.
Miir acië dek në pïu.
Miir abë dek në pïu.
Miir acië ye cök käär piny.
Miir acië ye cök dhuk.
Miir acië guŋ.
Miir acië ye yeth tääu piny.
Miir acië thök në dëk.
Miir abë jäl në pïu thook.
Miir acië jäl në wëër nom.

Miir ku Thɔ̈rɔ̈t

Miir anin.
Miir acïë nin.
Miir abë nin.
Miir akën nin.
Miir acï bë nïn.
Miir anin roor.
Miir anin rokic.
Miir e nin në kaam cekic.
Miir a nin në kaam cekic.
Miir tök anin.

Miir tök ayiën.
Miir tök adaai.
Miir adaai të mec.
Mir aa cïë tɔ̈c piiny.
Mir aa cïë tɔ̈c roor.
E miir kë, acïë tɔ̈c roor.
E miir kë, alɔ̈ŋ.
E miir kë, aa cïë dak.
E miir kë, aa cïë dhäär.
E miir kë, aa nhiaar röth.

Miir atɔ̈ në tim thar.
Miir atɔ̈ në tim liel.
Miir akääc në tim thar.
Miir atɔ̈ roor.
Miir adaai.
Miir adaai të mec.
Miir akääc ke lën dët.
Miir alɔ̈ŋ në tim thar.
Miir e guŋ të nɔŋ atiëp aköl.
Miir akääc atiëpic.

Miir acï aköl nɔ̈k.
Aköl atuc arët.
Miir e cath ke läi kɔ̈k.
Miir e cath ke läi juëc.
E miir kënë, acath ke läi kɔ̈k.
E miir kënë, adaai në tim thar.
E miir kënë, alɔ̈ŋ atiëpic.
E miir kënë, akääc ye tök.
E miir kënë, abë jäl.
E miir kënë, abë lɔ nyuäth.

AKB 3

Miir akääc ke mɛɛnhde.
Miir akääc dhölic.
Miir akääc kueric.
Miir akääc ke mɛɛnhde.
Miir atɔ̈ roor ke mɛɛnhde.
Miir atɔ̈ rokic ke mɛɛnhde.
Mɛɛnh e miir athuët.
Mɛɛnh e miir akoor.
Mɛɛnh e miir e thuat në ca.
Mɛɛnh de miir e nyuäth.

Mɛɛnh e miir e cam apëm.
Mɛɛnh e miir e cath ke man.
Mɛɛnh e miir e kat ke man.
Mɛɛnh e miir aye man gël.
Mɛɛnh e miir anhiaar man.
E miir ë, anhiaar mɛɛnhde.
E miir ë, akääc ke mɛɛnhde.
E miir ë, atɔ̈ në thɔ̈ɔ̈ny nom.
E miir ë, abäär.
E miir ë, adït.

Miir adaai.
Miir adaai ye tök.
Miir aɣoi tueŋ.
Miir adaai ke cië rɔt päl piny.
Miir acië ye kɔ̈u wël tim.
Miir adaai ke cië ye nom jɔt.
Miir adaai në thurumbil.
Miir adaai në kɔc.
Kɔc aa daai në miir.
Miir e län dhëŋ apɛi.
Miir anɔŋ kɨ̈ɨ̈t dhëŋ.

Miir adaai ke cië ye nom wël.
Miir akääc roor.
Miir akääc në tiim yiic.
Miir akääc në nyuɔ̈ɔ̈nic.
Miir akääc ye tök.
Miir akënë cɔk dɔm.
Miir acï nyuäth
Miir acï cäm.
Miir acï dëk.
Miir akën tɔ̈c.
Miir akën.

Miir ku Thɔ̈rɔ̈t

Miir e lëi.
Miir e län dït.
Miir abäär yeth.
Miir awär läi kedhia në bëër.
Miir anɔŋ yïth ke reu.

Miir e piŋ në yïth ke.
Miir anɔŋ nyïn ke reu.
Miir e daai në nyïnk e.
Miir e piny tïŋ në nyïn ke.
Miir e daai të mec.

Miir akoor nom.
Miir anɔŋ wum.
Miir e wëëi në wum.
Miir e ceŋ roor.
Miir e kuaŋ.
Miir e wëër cääl teem ke cath.

Miir e pïïr roor.
Miir e pïïr në dömic.
Miir e ceŋ të cïn tiim juëc.
Miir e ceŋ të lääu.
Miir acï kɔ̈u duɔ̈ɔ̈l.
Miir acïn nom tuŋ.

Miir anɔŋ cök ke ŋuan.
Miir e cath në cök.
Miir e kat në cök.
Miir abär cök.
Miir e wec në cök ke.
Miir e köör wec.

Miir abär akeem.
Miir anɔŋ thar yɔ̈l.
Yɔ̈l de miir acek.
Yɔ̈l de miir akoor.
Yɔ̈l de miir anɔŋ thok dhoor.
Yɔ̈l de miir ayen rɔt kɔ̈l.

Miir aril.
Miir e lën dït.
Miir athiek.
Riɛl de miir atɔ̈ në ye cök.
Riɛl de miir atɔ̈ në ye yeth.
E köör ye tök yen e miir cam.

Miir e kat në köör.
Miir e köör dëëny awuur
Miir e köör wec nom në cök.
Miir anɔŋ guɔ̈p nhïm.
Miir anɔŋ cök kär.
Miir anɔŋ awuur juëc.

Miir ku Thɔ̈rɔ̈t

Thɔ̈rɔ̈t acath.
Thɔ̈rɔ̈t acath në liɛɛtic.
Thɔ̈rɔ̈t acath të cïn wal.
Thɔ̈rɔ̈t acath të cïn tiim juëc.
Thɔ̈rɔ̈t acath ke wël ye kɔ̈u.
Thɔ̈rɔ̈t awel ye nom ciɛɛm.
Thɔ̈rɔ̈t awel ye nom cuiëc.
Thɔ̈rɔ̈t awel ye nom tueŋ.
Thɔ̈rɔ̈t awel ye nom ciɛ̈ɛ̈n.
Thɔ̈rɔ̈t acath roor.

Thɔ̈rɔ̈t acath rokic.
Thɔ̈rɔ̈t acath γɔ̈ŋ.
Thɔ̈rɔ̈t acath ke lɔ baai.
Thɔ̈rɔ̈t acath amääth.
Thɔ̈rɔ̈t acath thëëi.
Thɔ̈rɔ̈t acath në nyaany akɔ̈l.
Thɔ̈rɔ̈t acath ye tök.
Thɔ̈rɔ̈t acath e dhɔny-dhɔɔny
Thɔ̈rɔ̈t acath e dhɔt-dhɔɔt.
Thɔ̈rɔ̈t acath e nyiëŋ-nyiëëŋ.

Thɔ̈rɔ̈t akääc.
Thɔ̈rɔ̈t akääc ye tök.
Thɔ̈rɔ̈t akääc të tök.
Thɔ̈rɔ̈t acï cath.
Thɔ̈rɔ̈t akääc ke cië rɔt röŋ.
Thɔ̈rɔ̈t akääc rokic.
Thɔ̈rɔ̈t akääc roor.
Thɔ̈rɔ̈t acië rɔt päl piny.
Thɔ̈rɔ̈t acië ye nom ŋöök.
Thɔ̈rɔ̈t akääc të lääu.

Thɔ̈rɔ̈t akääc të cïn tiim.
Thɔ̈rɔ̈t akääc të nɔŋ wɛl lik.
Thɔ̈rɔ̈t adaai.
Thɔ̈rɔ̈t apïŋ.
Thɔ̈rɔ̈t atäk.
Thɔ̈rɔ̈t aŋöör.
Thɔ̈rɔ̈t ayöc.
E thɔ̈rɔ̈t kënë, abäär yeth.
E thɔ̈rɔ̈t kënë, abäär cök.
E thɔ̈rɔ̈t kënë, adït.

Thɔ̈rɔ̈ɔ̈t aa cië yal.
Thɔ̈rɔ̈ɔ̈t aa cï reu ke dɔm.
Thɔ̈rɔ̈ɔ̈t aa kɔɔr bï kë dek.
Thɔ̈rɔ̈ɔ̈t aa cië pïu yök.
Thɔ̈rɔ̈ɔ̈t aa cië wëër yök.
Thɔ̈rɔ̈ɔ̈t aa dëk wïïr.
Thɔ̈rɔ̈ɔ̈t aa dëk.
Thɔ̈rɔ̈ɔ̈t aa dek pïu.
Thɔ̈rɔ̈ɔ̈t aa cië dek.
Thɔ̈rɔ̈ɔ̈t aa cië pïu dek.

Thɔ̈rɔ̈ɔ̈t aa bë dek.
Thɔ̈rɔ̈ɔ̈t aa bë pïu dek.
Thɔ̈rɔ̈ɔ̈t ke ŋuan aa dëk.
Thɔ̈rɔ̈ɔ̈t ke reu aŋot keke dëk.
Thɔ̈rɔ̈ɔ̈t ke reu aa cï dëk.
E Thɔ̈rɔ̈ɔ̈t kë, aa tɔ̈ roor.
E Thɔ̈rɔ̈ɔ̈t kë, aa ye ŋuan.
E thɔ̈rɔ̈ɔ̈t kë, aa cïn nïïm wun.
E thɔ̈rɔ̈ɔ̈t kë, aa bë lɔ nyuäth.
E thɔ̈rɔ̈ɔ̈t kë, aa dhëŋ.

Thɔ̈rɔ̈t akat.
Thɔ̈rɔ̈t ariŋ.
Thɔ̈rɔ̈t athuny.
Thɔ̈rɔ̈t akat roor.
Thɔ̈rɔ̈t akat rokic.
Thɔ̈rɔ̈t akat yɔ̈ŋ.
Thɔ̈rɔ̈t akat alïïric.
Thɔ̈rɔ̈t akat adïŋic.
Thɔ̈rɔ̈t acië thuɔny.
Thɔ̈rɔ̈t abë thuɔny.

Thɔ̈rɔ̈t akat ke ɣoi tueŋ.
Thɔ̈rɔ̈t akat ke lɔ roor.
Thɔ̈rɔ̈t akat ke lɔ rokic.
Thɔ̈rɔ̈t acië yal.
Thɔ̈rɔ̈t akat ke lɔ wïïr.
Thɔ̈rɔ̈t akat ke lɔ dek.
Thɔ̈rɔ̈t akat të lik e tiim.
Thɔ̈rɔ̈t akat të lääu.
Thɔ̈rɔ̈t akat të nɔŋ wiëëu.
Thɔ̈rɔ̈t amuk ye nom nhial.

Miir ku Thɔ̈rɔ̈t

Thɔ̈rɔ̈t amac.
Thɔ̈rɔ̈t amac ye tök.
Thɔ̈rɔ̈t mac, abäär.
Thɔ̈rɔ̈t amac, adït.
Thɔ̈rɔ̈t amac baai.
Thɔ̈rɔ̈t amac në baai thok.
Thɔ̈rɔ̈t amac të cïn tiim.
Thɔ̈rɔ̈t amac ɣöt thok.
Thɔ̈rɔ̈t amac në wiën.
Thɔ̈rɔ̈t acië mac në löc.

Thɔ̈rɔ̈t acië ŋak nom në wiën.
Thɔ̈rɔ̈t amac ke kääc.
Thɔ̈rɔ̈t akääc ke mac.
Thɔ̈rɔ̈t acië rek wum në joth.
E thɔ̈rɔ̈t kän, acië guɔ̈p riääk.
E thɔ̈rɔ̈t kän, acië ŋuɛɛt.
E thɔ̈rɔ̈t kän, acië guak.
E thɔ̈rɔ̈t kän, acië nɔl.
E thɔ̈rɔ̈t kän, acï cuai.
E thɔ̈rɔ̈t kän, abäär cök.

Thɔ̈rɔ̈ɔ̈t aa cië tɔ̈c.
Thɔ̈rɔ̈ɔ̈t aa cië ke nhïïm wɛl.
Thɔ̈rɔ̈ɔ̈t aa daai.
Thɔ̈rɔ̈ɔ̈t aa cië tɔ̈c ke pëc.
Thɔ̈rɔ̈ɔ̈t aa cië tɔ̈c piiny.
Thɔ̈rɔ̈ɔ̈t aa cië tɔ̈c në liɛɛtic.
Thɔ̈rɔ̈ɔ̈t aa cië ke mac thook.
Thɔ̈rɔ̈ɔ̈t aa cië ke duɔ̈t kɔ̈ɔ̈th.
Thɔ̈rɔ̈ɔ̈t aa cië cath në nïn.
Thɔ̈rɔ̈ɔ̈t aa cië ke cääm.

Thɔ̈rɔ̈ɔ̈t aa cië ke dëëk në pïu.
Thɔ̈rɔ̈ɔ̈t aa cɔk ke lɔ̈ŋ.
Thɔ̈rɔ̈ɔ̈t aa cië röth päl piny.
Thɔ̈rɔ̈ɔ̈t aa bë lööny dhöl.
Thɔ̈rɔ̈ɔ̈t aa bë lööny kueer.
Thɔ̈rɔ̈ɔ̈t aa bë kueer kuanyic.
Thɔ̈rɔ̈ɔ̈t aa bë dhöl kuanyic.
Kɔc kuath thɔ̈rɔ̈ɔ̈t aa lɔ̈ŋ aya.
Kɔc kuath thɔ̈rɔ̈ɔ̈t, aa dëk.
Kɔc kuath thɔ̈rɔ̈ɔ̈t aa cäm.

Thɔ̈rɔ̈t acië cath apɛi.
Thɔ̈rɔ̈t acië cath arët.
Thɔ̈rɔ̈t acië dhäär.
Thɔ̈rɔ̈t acië dak.
Thɔ̈rɔ̈t acië tɔ̈c.
Thɔ̈rɔ̈t acië tɔ̈c bë lɔ̈ŋ.
Thɔ̈rɔ̈t alɔ̈ŋ.
Thɔ̈rɔ̈t acië tɔ̈c bë nin.
Thɔ̈rɔ̈t anin.
Thɔ̈rɔ̈t acië nin.

Thɔ̈rɔ̈t abë nin.
Thɔ̈rɔ̈t acië ye nyin niɛɛn.
Thɔ̈rɔ̈t acië ye thok dhɔ̈ɔ̈r.
Thɔ̈rɔ̈t acië ye thok kan piny.
Thɔ̈rɔ̈t acië rek thok në wïɛn.
Thɔ̈rɔ̈t acië duɔ̈t kɔ̈u.
Thɔ̈rɔ̈t amuk kat thiek.
Thɔ̈rɔ̈t aɣääc.
Thɔ̈rɔ̈t aɣëëc ka thiek.
Thɔ̈rɔ̈t e jɔt në ka thiek.

Thɔ̈rɔ̈t anyuäth.
Thɔ̈rɔ̈t anyuäth roor.
Thɔ̈rɔ̈t anyuäth rokic.
Thɔ̈rɔ̈t anyuäth wal.
Thɔ̈rɔ̈t anyuäth ke cath.
Thɔ̈rɔ̈t anyuäth ke kääc.
Thɔ̈rɔ̈t atet yïth ke tiim.
Thɔ̈rɔ̈t anyuäth në wëër nom.
Thɔ̈rɔ̈t anyuäth ye tök.
Thɔ̈rɔ̈t arem wɛl cië riɛl.

Thɔ̈rɔ̈t anyuäth wal.
Thɔ̈rɔ̈t anyuäth nyuɔ̈ɔ̈n.
Thɔ̈rɔ̈t anyuäth të cïn tiim.
Thɔ̈rɔ̈t anyuäth ye tök.
Thɔ̈rɔ̈t anyuäth në wëër nom.
Thɔ̈rɔ̈t anyuäth në wëër thok.
Thɔ̈rɔ̈t anyuäth në pïu thook.
Thɔ̈rɔ̈t aŋot ke kën yal.
Thɔ̈rɔ̈t acï rem dɔm.
Thɔ̈rɔ̈t anyuäth ku bë dek.

Miir ku Thɔ̈rɔ̈t

Thɔ̈rɔ̈t e lëi.
Thɔ̈rɔ̈t e län bäär.
Miir e län dïṯ.
Thɔ̈rɔ̈t abär cök.
Cök tueŋ ke thɔ̈rɔ̈t abär.
Cök ciëën ke thɔ̈rɔ̈t abär aya.

Thɔ̈rɔ̈t abäär yeth.
Thɔ̈rɔ̈t acï reu ye dac dɔm.
Thɔ̈rɔ̈t ace dek në nïn juëc.
Thɔ̈rɔ̈t ace dac dek në pïu.
Thɔ̈rɔ̈t ace dac yal.
Thɔ̈rɔ̈t e dek arët.

Thɔ̈rɔ̈t anɔŋ yïth ke reu.
Thɔ̈rɔ̈t e piŋ në yïthke.
Thɔ̈rɔ̈t anɔŋ nyïn ke reu.
Thɔ̈rɔ̈t e daai në nyïnke.
Thɔ̈rɔ̈t e piny tïŋ në nyïnke.

Thɔ̈rɔ̈t anɔŋ kɔ̈u duɔ̈ɔ̈l.
Duɔ̈ɔ̈l de thɔ̈rɔ̈t acuai arët.
Duɔ̈ɔ̈l de thɔ̈rɔ̈t e piaat nyin.
Duɔ̈ɔ̈l de thɔ̈rɔ̈t acuai arët.
Thɔ̈rɔ̈t dët e kɔ̈u naŋ dul.

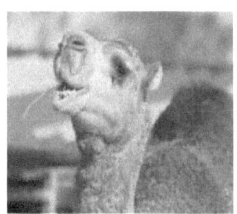

Thɔ̈rɔ̈t anɔŋ thok.
Thɔ̈rɔ̈t anɔŋ thok lec.
Thɔ̈rɔ̈t anɔŋ thok liep.
Thɔ̈rɔ̈t e cam apäm de tim.
Thɔ̈rɔ̈t e nyuäth në wal.

Thɔ̈rɔ̈t e wal bëër.
Thɔ̈rɔ̈t anɔŋ wum.
Thɔ̈rɔ̈t e wëëi në wum.
Thɔ̈rɔ̈t e wëëi në wumde.
Thɔ̈rɔ̈t e nom cïen tuŋ.

Thɔ̈rɔ̈t anɔŋ cök ke ŋuan.
Thɔ̈rɔ̈t e cath në cök ke.
Thɔ̈rɔ̈t e kat në cök ke.
Thɔ̈rɔ̈t abär cök.
Thɔ̈rɔ̈t abär akeem.
Thɔ̈rɔ̈t e ceŋ roor.

Thɔ̈rɔ̈t e pïïr rokic.
Thɔ̈rɔ̈t e pïïr të cïn pïu.
Thɔ̈rɔ̈t aye mac baai.
Thɔ̈rɔ̈t anɔŋ guɔ̈p nhïm.
Thɔ̈rɔ̈t anɔŋ thar yɔ̈l.
Thɔ̈rɔ̈t e rɔt kuath në yɔ̈lde.

Miir ku Thɔ̈rɔ̈t

Thɔ̈rɔ̈t e raan kuɔ̈ny ka juëc.
Thɔ̈rɔ̈t e ɣɔ̈ɔ̈c.
Thɔ̈rɔ̈t e käŋ ɣääc.
Thɔ̈rɔ̈t ayen në wëër.
Thɔ̈rɔ̈t ayen në cath.

Thɔ̈rɔ̈t e kɔc yiën ca.
Ciɛk ke thɔ̈rɔ̈t aye ruëëth.
Rïŋ de thɔ̈rɔ̈t aye cuet.
Thɔ̈rɔ̈t e cath në kaam bääric.
Thɔ̈rɔ̈t anɔŋ awuur juëc.

Thɔ̈rɔ̈t awäächic.
Thɔ̈rɔ̈t dët anɔŋ kɔ̈u dul.
Thɔ̈rɔ̈t dët anɔŋ kɔ̈u duɔ̈ɔ̈l tök.
Thɔ̈rɔ̈t e pïïr në riɛlic.
Thɔ̈rɔ̈t dët e pïïr të nɔŋ pïu lik.

Thɔ̈rɔ̈t akoor nom.
Thɔ̈rɔ̈t akoor thar.
Thɔ̈rɔ̈t anɔŋ aŋum koor.
Thɔ̈rɔ̈t adït yäc.
Thɔ̈rɔ̈t adït agäu.

Kïït ke Thuɔŋjäŋ

Kïït dït ke Thuɔŋjäŋ

A	B	C	D	DH	E	Ɛ
G	Ɣ	I	J	K	L	M
N	NH	NY	Ŋ	T	TH	
U	W	O	Ɔ	P	R	Y

Kïït thii ke Thuɔŋjäŋ

a	b	b	d	dh	e	ɛ
g	ɣ	i	j	k	l	m
n	nh	ny	ŋ	t	th	
u	w	o	ɔ	p	r	y

Kïït dheu

A	E	Ɛ	I	O	Ɔ
a	e	ɛ	i	o	ɔ

Kïït yäu

Ä	Ë	Ɛ̈	Ï	Ö	Ɔ̈
ä	ë	ɛ̈	ï	ö	ɔ̈

Kuën Akeer ke Thoŋ de Jiëëŋ

A	E	I	O	U
Akɔ̈ɔ̈n	Weŋ	Biɔl	Rok	Agumut

W	Y	B	P	M
Wut	Yiëp	Baai	Pɛɛi	Miir

N	NH	Ŋ	NY	R
Nɔk	Nhiëër	Aŋau	Nyaŋ	Rɔu

D	DH	T	TH	L
Dak	Dhiëër	Tim	Thɔ̈rɔ̈t	Lok

K G Ɣ C J

Kuac Gɔt Ɣöt Cuɔɔr Jö

AA EE II OO U

Amaar Teer Tiim Cool Cuur

Ä Ë Ï Ö Ɛ̈

Cäm Kuëi Ajïth Töny Piɛ̈n

ÄÄ ËË ÏÏ ÖÖ Ɛ̈Ɛ̈

Amääl Rëët Acuïïl PiÖÖc Wɛ̈ɛ̈r

Miir ku Thɔ̈rɔ̈t

ɛ   ɛɛ   ɔ   ɔ̈   ɔɔ

Diɛt   Tiɛɛr   Piɔk   Akɔ̈l   Ayɔɔk

ɔ̈ɔ̈

Acɔ̈ɔ̈m

www.ingramcontent.com/pod-product-compliance
Lightning Source LLC
Chambersburg PA
CBHW031430290426
44110CB00011B/606